그림책으로 키우는 문해력

책 읽기도 연습이 필요해

글보라(현직 초등 교사 국어 교과 가평 모임) 글

재미와 문해력을 한번에

문해력이 학습에서 중요한 능력으로 떠올랐습니다. 글을 읽고 이해하며 해석하는 능력을 문해력(文解力, literacy)이라고 하지요. 문해력은 학습의 기본이 되는 능력으로 국어 교과뿐 아니라 모든 교과 학력에 영향을 미칩니다. 공부를 하려면 문해력이 필수라는 뜻이지요. 그렇다면 무조건 책을 많이 읽거나 학년이 올라간다고 저절로 문해력이 좋아질까요? 자연스럽게 문해력을 습득하는 아이들도 분명 있지만, 교사들은 그렇지 않은 아이들을 자주 발견합니다. 이런 아이들을 어떻게 도와주어야 할까요?

글보라는 아이들이 우리말과 우리글을 더 잘 쓰도록 돕고자 하는 초등학교 교사들의 모임입니다. 일반적인 국어 교과서와 독해력 교재들은 주어진 지문을 읽고 단답형의 답을 고르는 문제로 이루어져, 작품 전체의 흐름과 맥락을 이해하며 비판적으로 읽는 능력을 길러 주기 어렵다는 점이 아쉬웠습니다. 그래서 우리는 아이들이 좋은 문학 작품을 재미있게 읽고 문해력도 기를 수 있는 교재를 직접 만들기로 했습니다. 문학 작품 한 권을 오롯이 읽어 내는 것이야말로 유의미한 읽기 경험이 되기 때문입니다. 그렇기에 책을 끝까지 읽기조차 힘든 아이들도 재미있게 읽을 수 있는 그림책을 선택하게 되었습니다.

『책 읽기도 연습이 필요해』는 이제 막 읽기를 시작하거나 문해력이 또래에 비해 낮은 아이들을 위한 책입니다. 보통 수준의 7세~1학년은 1단계, 2학년~3학년은 2단계가 알맞고, 문해력이 낮은 2~4학년은 1단계, 4~6학년은 2단계를 권장합니다. 혼자서 할 수도 있지만 선생님이나 부모님이 질문에 대해 설명해 주길 권장드립니다. 실제로 우리는 교실에서 『책 읽기도 연습이 필요해』 1단계의 그림책 다섯 권으로 수업을 진행했습니다. 아이들의 답안은 점점 정교해지고 정확해졌으며 자신의 생각을 글로 쓰는 능력이 향상되는 것을 발견하였습니다. 아이들은 책을 읽으면서 어떤 질문이 나올지 미리 예상하였으며, 정확하게 이해하고자 특정 부분을 반복해서 읽거나, 책장을 앞뒤로 넘겨 보면서 이야기의 흐름을 찾는 모습을 보였습니다. 어느새 메타인지 읽기라는 전략을 터득해서 사용하고 있는 것이지요.

이 책은 정확하게 읽기, 숨겨진 이야기를 찾아내기, 내 삶과 연결지어 생각하기의 3단계 질문으로 짜여져 있습니다. 그리고 〈낱말밭〉에서는 이야기에 나온 낱말을 다시 한번 짚으며 어휘력을 키웁니다. 〈책에서 찾아보세요〉는 자세하고 정확하게 읽기 위한 질문으로, 책에 표현된 그대로를 찾아 쓰도록 합니다. 〈한 번 더 읽고 생각해 보세요〉는 문장과 문장, 문단과 문단 사이에 생략된 내용과 숨은 이야기를 찾아내는 질문입니다. 〈내 생각을 표현해 보세요〉는 배경지식이나 경험을 바탕으로 주제와 관련한 자신의 생각을 글로 써 보는 질문입니다. 질문에 따라서 선생님이나 부모님께서 알맞게 고쳐서 지도하셔도 좋습니다.

질문들은 먼저 6곳의 초등학교 아이들과 풀어 보며 수정했습니다. 정답에 실린 〈아이들의 생각〉은 실제 아이들이 답한 내용입니다. 〈아이들의 생각〉을 보면 다른 아이들은 이 질문에 대해 어떻게 생각하는지, 어떤 수준으로 답하는지 알 수 있고, 우리 아이가 답을 하지 못할 때 참고하여 도움을 줄 수 있습니다.

책이 실린 순서는 그림책의 수준과 문제의 난이도를 고려했습니다. 좀 쉽게 느껴지더라도 앞의 책부터 차례차례 읽기를 권합니다. 혹시 질문이 너무 어려우면 〈책에서 찾아보세요〉만 답하고 다음 책을 읽어도 됩니다. 나머지는 다음에 다시 읽고 해 보세요. 아이가 글 쓰는 것을 아직 힘들어한다면 답을 말로 해도 괜찮습니다. 질문에 답을 할 때는 아이들이 자유롭게 책을 볼 수 있어야 합니다. 들은 내용에 대한 기억에 의지하는 것이 아니라 스스로 책에서 정보를 찾는 활동이 핵심이기 때문입니다.

아이들의 문해력은 키워 줄 수 있습니다. 다만 모든 배움이 그러하듯 지루하고 어려운 연습과 훈련의 과정을 거쳐야 제대로 된 읽기를 할 수 있고, 비로소 책 읽기가 재미있어질 것입니다. 글을 읽어도 내용을 모르는 아이를 어떻게 도와주어야 할지, 그림책을 어떻게 읽어 주어야 할지 고민하시는 선생님과 부모님께 그리고 그 누구보다 책을 재미있게 읽고 싶은 아이들에게 도움이 되었으면 합니다.

2023, 여름
굴보라 드림

이렇게 읽어 주세요

1. 읽기 전에 그림을 보며 흥미가 생기게 해 주세요

문해력이 부족하거나 향상이 필요한 아이들은 책 자체에 관심이 없는 경우가 많습니다. 책을 읽기 전에 흥미를 가질 수 있도록 도와주세요. 예를 들면 '1단계 책 표지 보기 ⇨ 2단계 그림만 훑어보기 ⇨ 3단계 책 읽기'의 순서를 권해 드립니다.

가장 먼저 책을 살펴보는 시간을 가져 보세요. 책 제목, 작가, 출판사, 표지 그림에 대해 이야기를 나눠 보는 것입니다. 제목을 가린 뒤 "이 책의 제목은 무엇일까?" "어떤 이야기일까?" "표지는 어떤 느낌이니?" "주인공은 누구일까?" "주인공의 성격이 어때 보이니?" "주인공은 왜 웃고(표지에서 모습) 있을까?" "작가가 누구지?" "이 책은 ○○○○년도에 나왔네? 이 책이 너보다 나이가 많구나." 등 아이들과 이야기를 나눕니다.

그다음은 그림만 보고 책 내용에 대해 조금 더 구체적으로 이야기를 나눠 보세요. 기억에 남는 장면 찾아보기, 그림이 주는 느낌이 어떤지 말해 보기, 마음에 드는 등장인물 찾아보기, 그림을 보며 질문 만들기 등 책에 대해 궁금함이 생기도록 함께 이야기를 나눠 주세요. 마지막으로 아이가 그림책 내용에 관심을 가지게 되었다면 본격적으로 책을 읽도록 합니다.

그림책은 글과 그림으로 되어 있는 책으로 그림을 통해 쉽게 즐거움과 재미, 흥미를 유발할 수 있는 장점이 있습니다. 따라서 부모님께서 책을 읽기 전 아이와 함께 이야기를 나누면 대화를 통해 어휘력도 늘고, 책에 대한 아이의 관심도 높아지게 될 것입니다.

2. 본격적인 책 읽기에서는 글에 집중하도록 해 주세요

책 읽기 단계에서는 내용에 집중할 수 있도록 합니다. 문해력을 키우기 위해서라면 그림에 의지해서 내용을 이해하기보다는 천천히 글을 읽으면서 내용을 파악합니다. 감상을 위한 책 읽기라면 그림을 보면서 여러 이야기를 나누면 좋지만, 이 책은 읽기 방법을 배우기 위한 것이므로 글에 집중하도록 합니다. 만약 책 읽기를 어려워하거나 싫어한다면 읽어 주시면 됩니다. 내용에 집중해서 천천히 읽어 주세요. 이야기를 어려워하거나 재미있어하면 몇 번이고 반복해서 읽습니다. 문해력이 낮아 내용을 이해하지 못하면 책을 읽는 도중에 이야기를 나누는 것도 도움이 됩니다. 각 책의 질문을 먼저 확인하고, 책을 읽는 중간중간에 미리 질문을 해 주세요. 그러면 아이들은 무엇이 중요한 내용인지 알고, 기억하고자 노력하게 됩니다.

3. 문제를 해결할 때는 이렇게 해 주세요

〈책에서 찾아보세요〉 단계에서는 책의 어느 부분에서 나온 이야기인지 대화를 나누며 스스로 찾을 수 있도록 합니다. 예를 들면 "어디에 나온 이야기인지 찾아볼까?" "책에 나온 그대로 써 볼까?"와 같은 질문을 합니다. 혹시 어떻게 답해야 할지 몰라서 망설이면 〈확인해 보세요〉에 있는 아이들의 생각을 읽어 주세요. 문제를 이해하고 알맞은 답을 하는 것도 문해력입니다. 다양한 문제를 읽고 생각하면서 질문의 의도를 알고 답을 찾아내는 실력이 커질 것입니다.

4. 어휘력도 함께 키워 주세요

문해력에서 어휘는 매우 중요합니다. 낱말의 의미를 몰라서 문제를 해결하지 못하거나, 책 내용을 온전히 이해하지 못하는 경우도 있기 때문입니다. 〈낱말밭〉에 나와 있는 낱말들이 책 속에서 어떻게 사용되었는지 찾아보고, 그 의미를 유추해 보도록 합니다. 예를 들면 "책에서 이 낱말이 어디에 나오지?" "이 낱말은 무슨 뜻일까?" "비슷한 말은 뭐가 있을까?" "다른 말로 바꾸어 볼까?" "이 낱말을 사용해 말해 볼래?" 하고 이야기를 나누어 보세요.

차례

우리의 섬 투발루 7

신발이 열리는 나무 15

꿀벌이 이사 가요 23

여우의 전화박스 33

아빠가 우주를 보여준 날 41

확인해 보세요 49

우리의 섬
투발루

마이오 글·그림

> **주제어** 투발루, 지구 온난화, 지구 환경
>
> **교과 관련 학습 목표**
>
> **3~4학년 국어** 주제에 적절한 의견과 이유를 제시하고 서로의 생각을 교환하며 토의한다.
>
> **3~4학년 과학** 기후 변화의 심각성에 관심을 가지고, 기후 변화가 우리 생활과 환경에 미치는 영향을 설명할 수 있다.
>
> **5~6학년 도덕** 다른 나라 사람들이 처한 여러 가지 상황을 종합적으로 이해하고 해결 방안을 탐구하며 인류애를 기른다.

책 소개

투발루는 남태평양 한가운데에 있는 산호초가 쌓여 만들어진 작은 섬이에요. 푸른 바다와 새하얀 모래가 아주 아름다운 나라랍니다. 하지만 지구 온난화로 땅이 바닷물에 잠기고 있어요. 높아진 바닷물은 땅속으로 스며들어 식량인 풀라카 나무와 코코넛 나무를 병들게 하고 집으로 가는 길까지 삼켜 버려요. 내일도 모레도 오래도록 투발루에서 살 수 있도록 우리의 투발루를, 우리의 지구를 함께 지켜 주지 않을래요?

책에서 찾아보세요

1. 이야기 속 '나'는 어떤 수업을 가장 좋아하나요?

　　..

2. 이야기 속 '나'가 학교 수업이 끝나면 하는 일을 찾아 쓰세요.

   ┌───┐
   │ ....과 ....에서 ....을 한다. │
   └───┘

3. 이야기 속 '나'는 모래사장에서 무엇을 할 수 있는지 모두 고르세요. (　　　　)

   ① 축구　　　　② 하루 종일 뛰어놀기　　　③ 모래성 쌓기
   ④ 풀라카 키우기　　⑤ 가면 만들기

4. 투발루의 예전 모습을 알 수 있도록 빈칸에 알맞은 말을 찾아 쓰세요.

   ┌───┐
   │ (1) 할아버지는 옛날에 .... 이   │
   │   축구를 할 만큼 넓었다고 하셨다.   │
   └───┘

(2) 할머니는 옛날에 맛있는 .... 가 초록색이었다고 하셨다.

(3) 아빠는 옛날에 높다란 .... 가 빼곡히 많았다고 하셨다.

5. 투발루의 바다가 높아져서 일어나는 일을 모두 고르세요. (   )

　① 높아진 바다가 땅속으로 스며들어 땅이 튼튼해진다.
　② 바다가 높아져서 다니는 길이 편해졌다.
　③ 책상과 의자 그리고 침대를 위로 옮겼다.
　④ 집이 점점 높아지고 있다.
　⑤ 바다가 점점 멀어진다.

6. 엄마는 이야기 속 '나'에게 무엇을 해 주었나요?

....

....

한 번 더 읽고 생각해 보세요

1. 투발루에 대한 설명으로 바르지 않은 것을 고르세요. (   )

   ① 남태평양 바다에 있는 산호초로 이루어진 섬이다.
   ② 땅이 점점 바닷물에 잠기고 있다.
   ③ 높은 산이 많이 있어 바다를 바라보기 좋다.
   ④ 투발루는 땅이 좁고 길어서 넓은 바다와 산호초 호수인 라군을 한 번에 볼 수 있다.
   ⑤ 투발루 사람들은 풀라카 나무를 재배해서 먹는다.

2. 풀라카 나무의 색이 변한 이유를 짐작하여 쓰세요.

   ....

3. 일이 일어난 이유와 그에 따른 결과를 알맞게 연결하세요.

<일이 일어난 이유>		<결과>
지구 온난화로 지구의 온도는 점점 높아지고 있다.	• •	그래서 투발루가 다른 나라보다 먼저 물에 잠기고 있다.
투발루는 산이 없고 땅이 낮은 나라이다.	• •	그래서 남극의 빙하가 녹아 바다의 높이가 높아지고 있다.
바다의 높이가 높아지는 속도는 점점 더 빨라지고 있다.	• •	그래서 투발루 외의 여러 나라들도 위기에 처해 있다.

4. 땅이 물에 잠기면서 투발루 사람들이 사용할 수 있는 물이 줄어드는 까닭은 무엇일까요?

....

....

....

5. 맹그로브 나무가 투발루 사람들과 자연에게 주는 좋은 점을 모두 찾아 ○표 하세요.

엄청난 양의 이산화탄소를 흡수한다. ( )	자연재해로부터 천연 방파제가 되어 준다. ( )
짠물의 염분을 없애 준다. ( )	물고기들의 은신처와 보금자리가 되어 준다. ( )

내 생각을 표현해 보세요

1. 투발루 사람들에게 지금 가장 필요한 것은 무엇일까요? 이유도 함께 써 보세요.

필요한 것: ....

이유: ....

2. 바다가 계속 높아지면 미래의 투발루 사람들은 어떤 삶을 살게 될까요?

....

3. 아래 문장은 무슨 뜻일까요?

투발루는 너와 나, 우리의 섬이야.

....

4. 바다가 높아지는 것을 막기 위해서 우리가 할 수 있는 일과 그 이유를 쓰세요.

우리가 할 수 있는 일:

이유:

낱말밭

1. 다음 낱말의 알맞은 뜻을 찾아 연결하세요.

   스며들다 •   • 여러 개의 물건을 줄로 어긋매어 묶다

   엮다 •   • 바다로부터 분리되어 형성된 호수

                                 • 속으로 배어들다

   산호초 •   • 산호의 분비물이나 뼈가 쌓여
                                   이루어진 단단한 암초

   라군 •   • 따뜻하고 얕은 바다 속에 사는
                                   말미잘과 히드라 같은 자포 동물

2. ( ) 안에 쓸 수 있는 낱말을 고르세요. (   )

   > 나의 마음이 바람을 (   ) 너에게 들리기를.

   ① 듣고   ② 믿고   ③ 타고   ④ 지고   ⑤ 밀고

3. '썼다' 가 아래 밑줄 친 '쓰고'와 같은 뜻으로 쓰인 문장을 찾아보세요. (   )

   > 꽃으로 만든 왕관을 <u>쓰고</u> 노래를 불렀다.

   ① 눈이 펄펄 내려서 따뜻한 털모자를 <u>썼다</u>.
   ② 이번 판은 꼭 이기려고 꾀를 <u>썼다</u>.
   ③ 선물을 사느라고 돈을 너무 많이 <u>썼다</u>.
   ④ 타 버린 쿠키는 너무 <u>썼다</u>.
   ⑤ 내 친구 진아에게 크리스마스 카드를 <u>썼다</u>.

낱말밭

4. 아래 문장에서 '빼곡히'의 뜻을 생각해 보고 알맞게 쓰인 것을 고르세요. (   )

> 아빠가 말하기를 내가 태어나기 전에는 높다란 코코넛 나무가 빼곡히 많았대.

① 아기는 어느새 빼곡히 잠들었다.
② 문이 열리며 지우가 빼곡히 얼굴을 내밀었다.
③ 의자에 빼곡히 기대 앉아 차를 마셨다.
④ 좁은 방 안에는 마을 사람들이 빼곡히 들어앉아 있었다.
⑤ 동지가 되면 해가 빼곡히 짧아진다.

5. 아래 낱말 중 2개를 사용하여 짧은 이야기를 만들어 보세요.

예) 꽃을 엮어 왕관을 만들었다. 왕관을 쓰자 공주가 된 것 같았다.

신발이 열리는 나무

박혜선 글 | 김정선 그림

주제어 할머니, 강아지, 마을, 신발

교과 관련 학습 목표

1~2학년 통합 교과   계절과 생활의 관계를 탐구한다.

3~4학년 국어   자신의 경험을 바탕으로 작품 속 세계와 현실 세계를 비교하여 작품을 감상한다.

책 소개

할머니가 뒷집에 갔다가 신발을 잘못 신고 돌아왔어요. 할머니의 신발을 귀신같이 찾아온 누렁이를 칭찬하자 누렁이는 신발만 보면 집으로 물고 왔어요. 물고 온 신발은 질겅질겅 씹기도 하고 여기저기에 숨겨 두기도 했지요. 그러던 어느 날, 할머니네 텃밭에 신발 모양 새싹이 돋아났어요. 신발 모양 새싹은 하루가 다르게 자라 어느새 커다란 나무가 되었어요. 그리고 빨간 장화, 가죽 구두, 하얀 고무신 등 신발들이 주렁주렁 열렸지요. 동네 사람들은 기뻐하며 신발을 골랐답니다.

책에서 찾아보세요

1. 누렁이가 뒷집에서 다른 신발을 물고 온 이유를 쓰세요.

할머니가 신발을 (   )로
신고 와서 찾으러 갔던 것이지요.

2. 잔칫집에서 새 고무신이 보이지 않자 할머니가 어떻게 했는지 모두 고르세요.

(   )

① 헌 고무신을 빌려 신고 집으로 왔다.
② 짝짝이로 신고 왔다.
③ 집에서 할머니의 슬리퍼를 가져다 달라고 부탁했다.
④ 잔칫집의 마루 밑과 마당가를 찾아보았다.
⑤ 고무신을 찾아 온 마을을 돌아다녔다.

3. 누렁이가 신발을 물고 와서 한 행동을 알맞게 짝지어 주세요.

털 장화	•	•	질겅질겅 껌처럼 씹었어요.
가죽 구두	•	•	밥그릇처럼 먹을 걸 넣어 뒀어요.
분홍 구두	•	•	기대 잠들었어요.

4. 할머니가 봄을 맞아 텃밭에 심은 것을 모두 고르세요. (   )

　① 상추　　② 토마토　　③ 신발　　④ 고추　　⑤ 쑥갓

5. 누렁이가 한 일과 관련된 할머니의 말이나 행동을 알맞게 연결하세요.

누렁이가 한 일		할머니의 말이나 행동
할머니가 신발을 잘못 신고 오자 누렁이가 바르게 바꿔 왔다.	•	• 할머니가 누렁이를 쓰다듬어 주었어요.
사라진 할머니의 새 고무신을 누렁이가 베고 꼬리를 살랑살랑 흔들고 있었다.	•	• "워매! 우리 누렁이가 내 신발을 다 찾아오다니 기특하고 착하네."
누렁이가 매일같이 동네 사람들의 신발을 물고 왔다.	•	• 할머니는 누렁이가 귀여워서 허허허 웃고 말았어요.
		• 빗자루를 들고 누렁이를 야단쳤어요.

6. 다음 글을 읽고 그림책 내용과 같으면 ○표, 다르면 ×표 하세요.

① 누렁이는 할머니의 신발을 땅에 묻었다. □

② 누렁이가 매일같이 신발을 물어 오자 할머니는 화가 났다. □

③ 누렁이는 신발을 여기저기에 숨겼다. □

④ 누렁이 덕분에 마을에 신발 나무가 생겼다. □

⑤ 할머니는 누렁이에게 방울이 달린 작고 예쁜 신발을 만들어 주었다. □

한 번 더 읽고 생각해 보세요

1. 마을 할머니들은 누렁이의 어떤 행동을 칭찬했나요?

   ....

2. 이야기의 흐름에 맞게 빈칸에 알맞은 내용을 써 보세요.

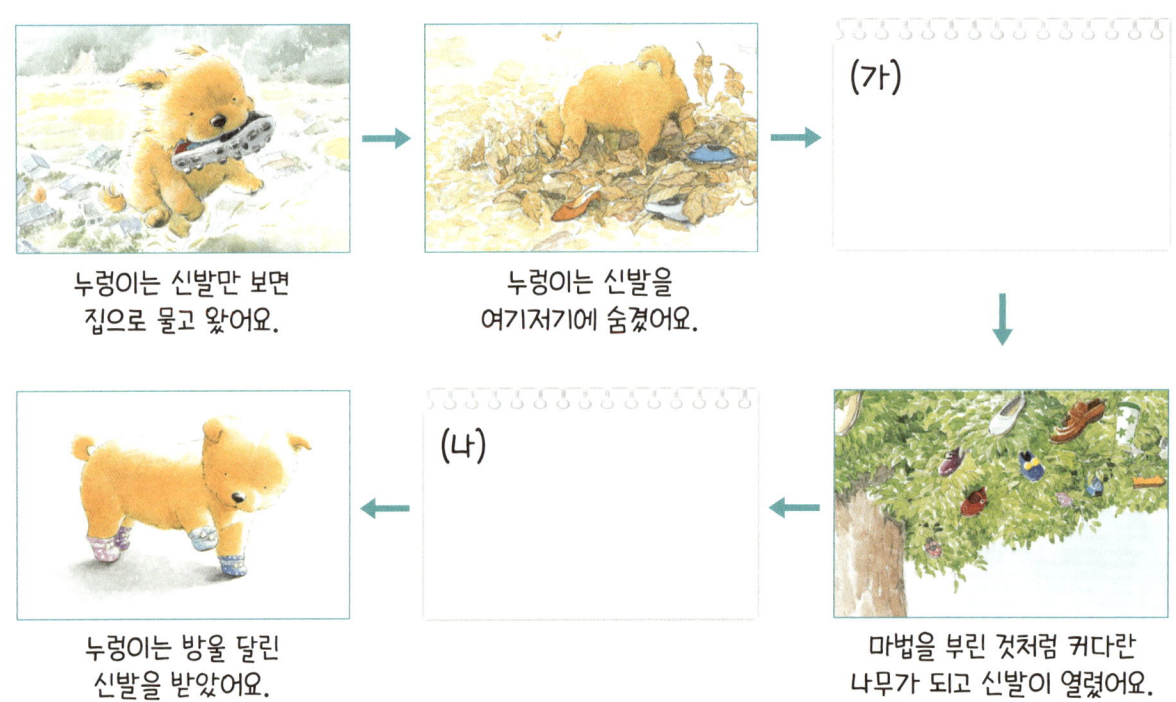

누렁이는 신발만 보면 집으로 물고 왔어요.

누렁이는 신발을 여기저기에 숨겼어요.

(가)

마법을 부린 것처럼 커다란 나무가 되고 신발이 열렸어요.

(나)

누렁이는 방울 달린 신발을 받았어요.

3. 누렁이가 신발을 모으기 시작한 이유를 짐작해서 써 보세요.

   > 할머니가 집에 와서 보니 누렁이가 할머니의 고무신을 베고 꼬리를 살랑살랑 흔들지 뭐예요. 할머니는 누렁이가 귀여워서 허허허 웃고 말았어요. 그 뒤로 누렁이는 신발만 보면 집으로 물고 왔어요.

   ....

   ....

   ....

4. 할머니가 다음과 같이 행동한 이유는 무엇일까요?

"동네 사람들! 모두 구경 오세요.
신발 잔치 합니다. 누렁이가
물어 간 만큼 신발을 따 가세요!"
할머니가 동네 사람들을 불러 모았어요.

5. 아래 상황에서 마을 사람들의 마음(감정)이 어땠을지 가장 어울리는 단어를 찾아 써 보세요.

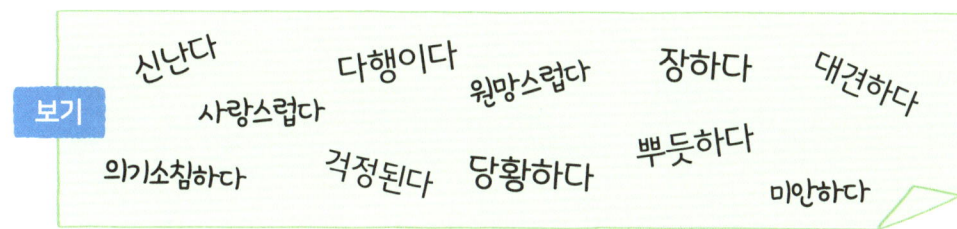

보기: 신난다 다행이다 원망스럽다 장하다 대견하다 사랑스럽다 의기소침하다 걱정된다 당황하다 뿌듯하다 미안하다

누렁이는 벌써 할머니 신발을 물고 꼬리를 흔들었어요. "허허허, 주인 신발은 귀신같이 알아본다니께." 마을 할머니들이 누렁이를 칭찬했어요.	이집 저집에서 신발이 사라지자 온 동네가 들썩들썩했어요. 날이 갈수록 누렁이가 물고 온 신발이 늘어났어요.	"신발 잔치 합니다. 누렁이가 물어 간 만큼 신발을 따 가세요!" 할머니가 마을 사람들을 불렀어요. 사람들은 마음에 드는 신발을 따 갔어요.
(1)	(2)	(3)

내 생각을 표현해 보세요

1. 다음 상황에서 누렁이의 생각이나 느낌을 상상하여 써 보세요.

   <상황>   <누렁이의 생각이나 느낌>

   잔칫집에서 할머니의 고무신을 집으로 물고 와서
   베고 있는데 할머니가 웃으며 귀여워할 때

   매일같이 신발을 물고 오자
   할머니가 빗자루로 야단쳤을 때

2. 누렁이가 신발을 모은 것처럼 나도 모으고 싶은 것이 있나요?

   내가 모으고 싶은 것은 ………………………………………… 이다.

   왜냐하면 ………………………………………………………… 때문이다.

3. 이야기에 나온 내용을 바탕으로 누렁이를 소개하는 글을 써 보세요.

   우리 마을의 누렁이를 소개합니다.

낱말밭

1. "할머니의 눈이 휘둥그레졌다."에서 밑줄 친 낱말의 뜻을 고르세요. (   )

   ① 놀라거나 두려워서 눈이 크고 둥그렇게 되다.
   ② 기분이 상하여 눈이 작아지다.
   ③ 놀라며 눈이 작고 둥그렇게 되다.
   ④ 인상을 쓰며 눈이 납작하고 길게 되다.

2. '귀신같이'의 뜻이 다르게 쓰인 하나를 고르세요. (   )

   ① 주인 신발은 귀신같이 알아본다니께.
   ② 난 치킨 냄새를 귀신같이 맡을 수 있다.
   ③ 우리 엄마는 내가 거짓말한 것을 귀신같이 안다.
   ④ 어두운 곳에서 보니, 머리 감은 언니가 귀신같이 보였다.

3. 다음에서 마음에 드는 낱말을 골라 (   ) 안에 쓰고 고른 낱말을 이용하여 문장을 만들어 보세요.

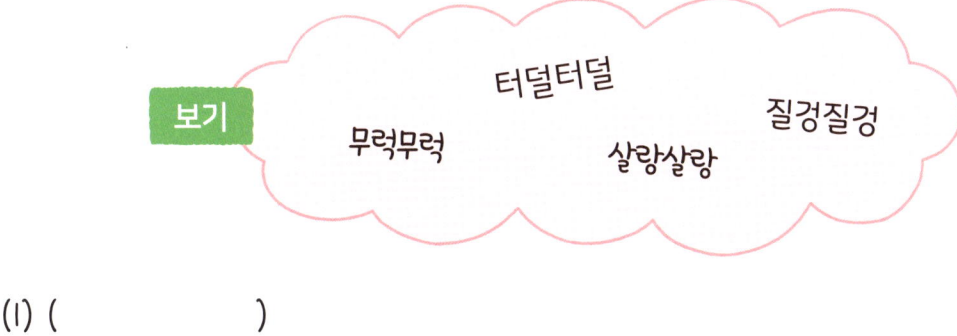

(1) (   )

(2) (   )

4. <보기>의 문장에서 밑줄 친 표현을 넣어 새로운 문장을 만들어 보세요.

> 보기
> 1) 신발 모양의 새싹은 <u>하루가 다르게</u> 자랐어요.
> 2) <u>날이 갈수록</u> 누렁이가 물고 온 신발이 늘어났어요.
> 3) 누렁이가 <u>매일같이</u> 신발을 물어 오자 할머니는 화가 났어요.

1)
2)
3)

5. 다음 낱말의 알맞은 뜻을 찾아 연결하세요.

마루 •　　　　　　　• 가족이 모여서 생활하는 방과 방 사이의 넓은 공간

　　　　　　　　　• 집 안채의 부엌에 딸린 방

마당 •

　　　　　　　　　• 간장, 된장, 고추장 따위를 담아 두거나 담그는 독

장독 •

　　　　　　　　　• 집터에 딸리거나 집 가까이 있는 밭

텃밭 •　　　　　　　• 집의 앞이나 뒤에 평평하게 닦아 놓은 땅

꿀벌이 이사 가요

정란희 글 | 임유정 그림

주제어 꿀벌, 이사, 소방관, 생태

교과 관련 학습 목표

3~4학년 국어 글의 의미를 파악하며 유창하게 글을 읽는다.

3~4학년 과학 다양한 환경에 서식하는 동물을 조사하여 동물의 생김새와 생활 방식이 환경과 관련되어 있음을 설명할 수 있다.

3~4학년 도덕 인간과 자연이 함께 살아야 하는 이유를 이해하고 공생을 위한 구체적인 실천 계획을 세우며 생태 감수성을 기른다.

책 소개

어느 날, 커다란 점 하나가 나나네 집 석류나무로 날아왔어요. 나뭇가지에 노란 점이 콕 찍혔지요. 노란 점은 바로 커다란 꿀벌이었어요! 뒤따라온 작은 꿀벌들도 사뿐사뿐 석류나무에 내려앉았지요. 꿀벌이 많아져서 나뭇잎도 가지도 보이지 않았어요. 엄마 아빠는 꿀벌에 놀라 장바구니를 휘두르고, 물 뿌리는 호스를 겨누었어요. 겁 많은 강아지 또또는 펄쩍펄쩍 뛰고 왕왕 짖다가 꿀벌에게 코를 쏘이고 말았지요. 꿀벌들은 왜 나나네 집으로 이사 온 걸까요?

책에서 찾아보세요

1. 나나와 또또가 꿀벌을 처음 발견한 곳은 어디인가요? (　　　)

　① 마당　　② 숲속　　③ 소방서　　④ 시장　　⑤ 유치원

2. 소방관들이 집에 도착하자 나나가 한 말이 무엇인지 책에서 찾아 쓰세요.

"　　　　　소방관들이 도착했어요.　　　　　"

나나가 반가워하며 소리쳤어요.

3. 이야기 속 등장인물이 꿀벌을 보고 어떤 행동을 했는지 알맞게 짝지어 주세요.

또또　•　　　　　　•　겁을 내며 장바구니를 휘둘렀어요.

엄마　•　　　　　　•　꿀벌들에게 물 뿌리는 호스를 겨누었어요.

아빠　•　　　　　　•　왕왕 짖으며 뛰었어요.

4. 아직 집을 만들지 못한 꿀벌 떼가 커지는 모습을 책에서 찾아 쓰세요.

꿀벌 떼는 (　　　　　)만 했다가

(　　　　　)만 했다가

(　　　　　)만큼 커졌어요.

5. 다음 글을 읽고 그림책 내용과 같으면 O표, 다르면 X표 하세요.

① 커다란 꿀벌은 벚나무에 앉았어요. (　　)

② 나나와 또또가 마당에서 공놀이를 했어요. (　　)

③ 며칠 뒤 이사 간 꿀벌이 놀러 왔을 때 나나는 고개를 숙이며 뒷걸음쳤어요. (　　)

④ 소방관은 아빠, 엄마, 또또에게 박힌 벌침을 빼내고 찬물로 깨끗하게 닦아 냈어요. (　　)

⑤ 작은 꿀벌이 나나네 마당으로 날아오고 뒤따라 아주 큰 꿀벌들이 춤을 추며 모여들었어요. (　　)

6. 석류 나뭇가지에 콕콕 박힌 노란 점은 무엇이었나요?

7. 꿀벌이 등장인물에게 벌침을 쏜 위치가 알맞게 짝지어진 것을 모두 고르세요.

( )

① 엄마 - 코   ② 아빠 - 입술   ③ 엄마 - 입술
④ 아빠 - 이마   ⑤ 또또 - 코

8. 나나네 집으로 온 소방관이 한 일로 알맞은 것을 모두 고르세요. ( )

① 개집 앞에 빈 벌통을 내려놓았어요.
② 일벌을 감싸서 빈 벌통 안에 넣었어요.
③ 벌침을 빼내고 얼음주머니를 대 주었어요.
④ 꿀이 가득한 벌통을 들고 소방차로 걸어갔어요.
⑤ 달나라를 여행하는 우주인 같은 복장을 입고 왔어요.

한 번 더 읽고 생각해 보세요

1. 이야기의 순서에 맞게 문장의 번호를 빈칸에 쓰세요.

   ① 꿀벌들은 여왕벌을 따라 빈 벌통 속으로 들어갔어요.
   ② 소방차를 타고 소방관들이 도착했어요.
   ③ 엄마 전화를 받고 아빠가 집으로 달려왔어요.
   ④ 꿀벌들은 소방차를 타고 새로운 곳으로 이사 갔어요.
   ⑤ 여왕벌과 꿀벌들이 나나네 집 마당 석류나무로 모여들었어요.
   ⑥ 엄마가 시장에서 왔어요.

   ☐ ➡ ☐ ➡ ☐ ➡ ☐ ➡ ☐ ➡ ☐

2. 이야기 속 꿀벌에 대한 내용이 맞으면 O표, 다르면 X표 하세요.

   (1) 꿀벌들은 사람을 보면 바로 공격한다. (   )
   (2) 꿀벌들이 살기에 좋은 곳은 꽃이 많은 곳이다. (   )
   (3) 꿀벌들이 새집을 만들 때 위협을 가하면 공격받을 수 있다. (   )

   (4) 이사 가려는 꿀벌들은 여왕벌을 둘러싸 커다란 덩어리를 만든다. (   )
   (5) 꿀벌들은 집에 식구가 너무 많아지면 여왕벌을 버리고 새 집을 찾아 이사한다. (   )

3. 소방관들이 우주복 같은 옷을 입고 온 이유가 무엇일지 짐작해서 써 보세요.

4. 소방관들은 꿀벌을 이사시키기 위해 어떻게 했나요?

....

....

5. 나나네 유치원 선생님이 꿀벌에 대해 설명한 내용을 짐작해서 써 보세요.

6. 또또가 다음과 같이 행동한 이유는 무엇인가요?

또또는 날아오는 파리만 봐도 깜짝깜짝 놀란답니다.

내 생각을 표현해 보세요

1. 나나의 아빠가 꿀벌들에게 물을 뿌리려고 할 때 어떤 말을 해 주면 좋았을까요?

2. 나나네 집에 다시 여왕벌과 꿀벌들이 온다면 엄마 아빠는 어떻게 행동할 것 같나요?

3. 꿀벌들이 여왕벌을 지키는 것처럼, 내가 지키고 싶은 것을 이유와 함께 써 보세요.

내가 지키고 싶은 것은
(   ) 이다.

왜냐하면 ....

때문이다.

4. 다음 상황에서 꿀벌들은 어떤 생각(마음)이었을지 상상하여 써 보세요.

<상황> 꿀벌들이 나나네 집 마당에 있는 석류 나무를 발견했을 때	나나가 꿀벌을 발견하고 가만히 바라보았을 때	엄마가 겁을 내며 장바구니를 휘둘렀을 때	소방관이 놓은 빈 벌통을 발견했을 때
<꿀벌들의 생각(마음)>			

낱말밭

1. 밑줄 친 '배웅'이 잘못 쓰인 문장은 무엇인가요? (   )

   ① 떠나는 누나를 배웅하고 집에 들어왔다.
   ② 우리 식구는 꿀벌들을 배웅하러 나갔다.
   ③ 할머니의 배웅을 받으며 우리는 집에 돌아왔다.
   ④ 엄마는 오랜만에 집에 오는 오빠를 배웅하러 나갔다.
   ⑤ 전학 가는 친구를 배웅하기 위해 교문까지 따라 나섰다.

2. 밑줄 친 부분과 바꾸어 쓸 수 있는 말을 고르세요. (   )

   또또 코가 볼록 부풀었어요.

   ① 커졌어요.   ② 작아졌어요.   ③ 줄어들었어요.
   ④ 들어갔어요.   ⑤ 움직였어요.

낱말밭

3. <보기>의 낱말을 ( ) 안에 넣어 알맞은 문장을 완성해 보세요.

보기: 철썩철썩 뒤뚱뒤뚱 사뿐사뿐 조물조물 빙글빙글 깜짝깜짝

(1) 꿀벌이 (   ) 원을 그리며 춤을 춘다.

(2) 한 소녀가 발걸음도 가볍게 (   ) 걸었다.

(3) 나는 멀리서 들려오는 천둥소리에 (   ) 놀랐다.

4. 다음 밑줄 친 부분과 바꾸어 써도 뜻이 바뀌지 않는 것을 고르세요. (   )

엄마 아빠가 <u>발을 동동 구르며</u> 소리쳤어요.
"119 소방관을 불러야겠어!"

① 짜증 내며   ② 다급해하며   ③ 놀란 듯이   ④ 슬퍼하며   ⑤ 기뻐하며

여우의 전화박스

도다 가즈요 글 | 다카스 가즈미 그림 | 햇살과나무꾼 옮김

주제어 여우, 엄마, 전화박스, 사랑

교과 관련 학습 목표

1~2학년 통합 교과   가족이나 주변 사람과 소통하며 어울린다.

1~2학년 국어   바르고 고운 말로 서로의 감정을 나누며 듣고 말한다.

3~4학년 도덕   효, 우애의 의미와 필요성을 명료하게 이해하고 가족의 행복을 위해 할 수 있는 일을 탐색하여 실천 계획을 세운다.

책 소개

한적한 산기슭에 오래된 전화박스가 있습니다. 그리고 산속에는 엄마 여우와 아기 여우가 살았습니다. 그런데 무럭무럭 자라던 아기 여우가 시름시름 앓더니 결국 죽고 맙니다. 슬픔에 빠진 엄마 여우는 전화박스에서 한 남자아이를 발견합니다. 엄마 여우는 병상의 엄마에게 전화를 하는 아이를 보며 아기 여우를 추억하고, 아이의 이야기에 홀로 답하며 격려합니다. 어느 날, 전화박스가 고장 나 깜깜합니다. 엄마 여우의 눈에는 엄마에게 전화를 못하게 되어 눈물이 글썽글썽한 아이의 모습이 떠오릅니다. 아이를 위해 뭔가를 해 주고 싶은 엄마 여우는 결국 기적을 일으킵니다.

책에서 찾아보세요

1. 전화박스는 어디에 있나요? (   )

   ① 숲속   ② 병원   ③ 산기슭   ④ 기차역   ⑤ 아이스크림 가게

2. 아빠 여우가 없었지만 엄마 여우는 왜 쓸쓸하지 않았나요?

3. 엄마 여우가 아기 여우를 잃은 슬픔이 나타난 문장을 찾아 써 보세요.

4. 남자아이를 처음 본 다음 날 아침에 엄마 여우가 서둘러 산을 내려간 이유는 무엇인가요?

5. 남자아이는 왜 엄마와 떨어져 할아버지와 단둘이 살고 있나요?

한 번 더 읽고 생각해 보세요

1. 엄마 여우가 다음과 같이 생각한 이유는 무엇인가요?

남자아이의 뒷모습에서
꼬리가 살랑살랑 흔들린 것 같았거든요.

이유:
....
....

2. 다음 글은 어떤 의미일까요?

> 아기 여우의 조그만 몸이 자꾸만 옴츠러들더니 아주 싸늘해지고 말았어요.
>
> 엄마 여우가 아무리 불러도 아기 여우는 끝내 대답을 안 했어요.

....

3. 다음 글을 읽고 그림책 내용과 같으면 O표, 다르면 X표 하세요.

   (1) 아기 여우는 재주넘기를 잘한다. ☐

   (2) 남자아이는 할아버지와 기차역에 가서 핫도그를 사 먹었다. ☐

   (3) 자동차 안에는 남자 한 명이 타고 있었다. ☐

   (4) 엄마 여우가 둔갑한 전화박스 안에서 남자아이는 엄마와 통화를 했다. ☐

   (5) 엄마 여우는 아기 여우와 통화를 했다. ☐

4. 이야기의 흐름에 맞게 빈칸에 알맞은 내용을 써 보세요.

| 산속에서 엄마 여우와 아기 여우가 살고 있어요. | → | 아기 여우는 병에 걸려서 죽고 말았지요. | → | (1) |

↓

엄마 여우는 남자아이를 보며 아기 여우를 생각했어요.

↓

| 전화박스 불빛 아래, 엄마 여우의 행복한 얼굴이 비쳤어요. | ← | 엄마 여우는 전화박스로 둔갑하여 남자아이가 전화를 걸게 해 주었어요. | ← | (2) |

5. 다음 대화에서 ▇▇▇는 누구인가요?

남자아이는 할아버지랑 단둘이 살아요.
엄마는 멀리 떨어진 도시의 병원에 입원해 있고요.

남자아이: 엄마, 이다음에 같이 바닷가에 놀러 가자.
그때까지는 전화만 해도 괜찮아. 나, 전화만 해도 기쁜걸.
▇▇▇: 그래, 엄마도 아주 기뻐…….
남자아이: 엄마는 맨날 그래. 내가 기쁘면 항상 엄마도 기쁘대.
▇▇▇: 그럼, 우리 아기가 기쁘면 엄마도 기쁘단다.

엄마 여우는 연거푸 고개를 끄덕였어요.

6. 아래 상황에서 엄마 여우의 마음(감정)이 어땠을지 가장 어울리는 단어를 2개 이상 찾아 써 보세요.

> **보기**
> 당황스럽다   놀랍다   화가 난다   허전하다   설레다
> 철렁하다   지루하다   괴롭다   막막하다   얼떨떨하다
> 걱정된다   신기하다   안절부절못하다

(1) 엄마 여우가 아무리 불러도 아기 여우가 대답하지 않았을 때

(2) 전화박스가 고장 나서 치워 버린다고 했을 때

(3) 꺼져 있던 전화박스에 깜박 불이 들어왔을 때

7. 이 이야기에서 요술을 부린 건 누구와 누구인가요?

내 생각을 표현해 보세요

1. 『여우의 전화박스』의 뒷이야기를 상상하여 써 보세요.

2. 엄마 여우는 다음 상황에서 슬픔과 좌절을 어떻게 이겨 나갔나요?

(1) 아기 여우가 죽었을 때

(3) 남자아이가 엄마가 있는 도시로 이사 간다고 했을 때

(2) 전화박스가 고장 나서 치워 버린다고 했을 때

3. 고장 난 전화박스에 어떻게 불이 다시 켜졌을까요?

낱말밭

1. 아래 다음 낱말 중 3개를 사용하여 짧은 이야기를 만들어 보세요.

   경단   따스한   요술   사르르   아득해지다   휘리릭

   * **경단**: 동글동글하게 빚은 떡(찹쌀경단, 수수경단)
   * **아득하다**: 1) 보이는 것이나 들리는 것이 희미하다 2) 아주 오래되다 3) 정신이 흐리다
   * **휘리릭**: 무언가가 아주 빠르게 움직이는 모양을 흉내 내는 말

   예) 나는 휘리릭 요술을 부렸다. 그러자 눈앞에 맛있는 경단이 나타났다.

2. ( ) 안에 밑줄 친 말 대신 쓸 수 있는 흉내 내는 말을 써 보세요.

   아기 여우는 너무 추워 <u>오들오들</u>(   ) 떨었어요.

3. 이 책에 나오는 시간을 나타내는 말 중 다른 때를 의미하는 것을 고르세요. (   )

   ① 해가 질 무렵   ② 이튿날 아침   ③ 해 질 녘
   ④ 하늘빛이 도라지꽃 색깔보다 짙어질 때   ⑤ 전화박스에 불이 켜질 무렵

낱말밭

4. <보기>에는 밑줄 친 낱말처럼 날씨와 관련된 낱말이 5개 있습니다. 모두 찾아 주세요.

날이 <u>쌀쌀해지기</u> 시작할 무렵부터 아기 여우가 조금씩 이상해졌어요.

  찌는 듯한   동장군   낭랑한   꽃샘추위   시시한
        칼바람   꼿꼿이   후덥지근한   밤낮없이   달콤한

5. ( ) 안의 낱말 중 적절하지 않은 것에 ○표 하세요.

(1) 울다 지치면 입을 (꽉, 꾹, 꿍, 꼭) 다문 채 꼼짝도 하지 않았어요.

(2) 엄마 여우는 자기 꼬리를 끌어안고 (꽉, 꾹, 꿍, 꼭) 참았지요.

6. ( ) 안의 낱말 중 문장의 흐름에 맞는 것을 고르세요.

(1) (어쩌면, 너무도) 아기 여우한테 소식을 전할 수 있을지 몰라.

(2) 엄마 여우가 (아무리, 만약에) 불러도 아기 여우는 (마침내, 끝내) 대답을 안 했어요.

(3) 전화기에서는 (모두, 아무) 소리도 들리지 않았어요. (그저, 겨우) 고요하기만 했어요.

아빠가 우주를 보여준 날

울프 스타르크 글 | 에바 에릭슨 그림

주제어 아빠, 우주, 가족

교과 관련 학습 목표

1~2학년 통합 교과   우리를 둘러싼 자연의 아름다움을 감상한다.

1~2학년 국어   인물의 마음이나 생각을 짐작하고 이를 자신과 비교하며 글을 읽는다.

3~4학년 과학   달의 모양과 표면, 달의 위상 변화를 관찰하여 밤하늘 관찰에 흥미를 가질 수 있다.

책 소개

어느 날, 아빠가 나에게 우주를 보여 주겠다고 했어요. 아빠와 나는 들판에 도착했어요. 나는 아빠 말대로 하늘을 올려다보았어요. 셀 수 없이 많은 별들이 하늘에서 반짝반짝 빛나고 있었지요. 우주를 보고 있으면 아빠는 자신이 너무 작게 느껴진다고 말했어요. 아빠는 멀리 있는 별들에게 좀 더 가까이 다가가도록 나를 안아 주었어요. 집으로 돌아오면서 아빠가 내 손을 꼭 쥐며 말했어요. "아빠는 네가 오랫동안 기억할 만한 아름다운 것들을 보여 주고 싶었단다." "난 오늘 아빠가 보여 준 우주를 영원히 기억할 거예요."

책에서 찾아보세요

1. 이야기에 나오는 등장인물을 모두 고르세요. (   )

    ① 할아버지   ② 엄마   ③ 아빠
    ④ 아이(나)   ⑤ 간호사   ⑥ 멍멍이

2. "옷은 단단히 챙겨 입었니? 오늘 밤은 꽤 춥단다."라고 엄마가 말하자 아이와 아빠는 어떤 옷을 챙겨 입었나요?

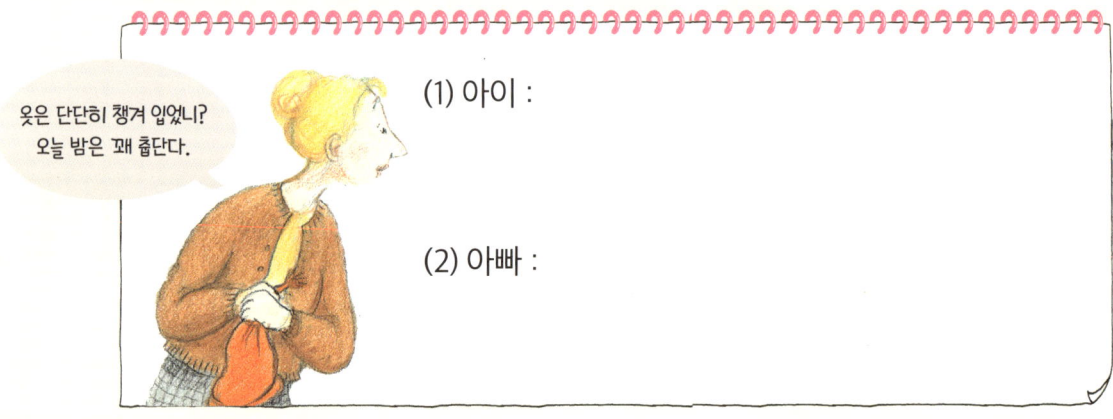

(1) 아이 :

(2) 아빠 :

3. (   ) 안에 알맞은 말을 쓰세요.

졸졸 물이 흐르는 (   )을 건널 때에는
아빠가 나를 번쩍 들어 안아 주었어요.

4. 아빠와 아이가 지나온 곳을 순서대로 써 보세요.

길모퉁이 → ㅤ → ㅤ → ㅤ → ㅤ → ㅤ → 들판

5. 아이가 들판에서 본 것을 <보기>에서 모두 고르세요.

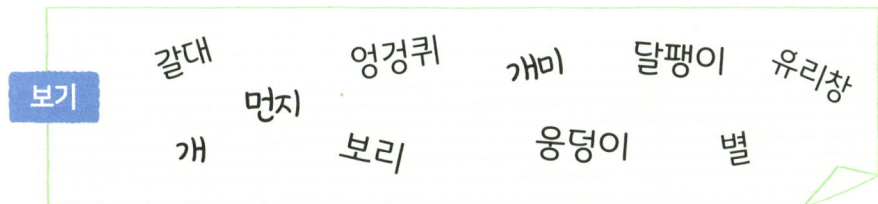

6. 아빠는 우주를 보고 있으면 어떤 생각이 든다고 말했나요?

7. 이야기의 순서에 맞게 문장의 번호를 빈칸에 쓰세요.

| ① 풀밭에서 멈춰 섰다. | ② 아빠와 하늘을 올려다보았다. | ③ 조용한 공원을 지나고 철물점을 지났다. |

| ④ 지금까지 본 풍경 중에서 가장 아름답다고 생각했다. | ⑤ 아빠가 비치는 작은 웅덩이를 보았다. | ⑥ 아빠와 함께 우주를 보러 나섰다. |

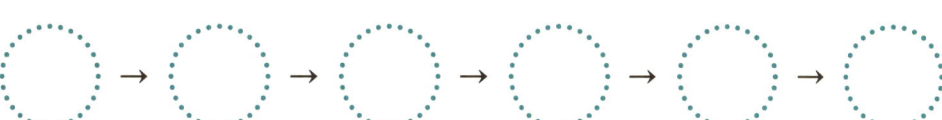

한 번 더 읽고 생각해 보세요

1. 이 이야기는 언제 있었던 일인가요? (   )

   ① 어느 봄날 아침　　② 어느 봄날 저녁
   ③ 어느 겨울 낮　　　④ 어느 겨울밤

2. 다음 글을 읽고 그림책 내용과 같으면 O표, 다르면 X표 하세요.

   (1) 아빠와 아이는 우주를 보기 위해 낯선 들판에 도착했다. ☐

   (2) 아빠는 데리고 나온 개의 똥을 밟았다. ☐

   (3) 아이는 달팽이, 보리, 엉겅퀴 등을 보고 지금까지 본 것 중 가장 아름답다고 생각했다. ☐

   (4) 아이는 평소에 멍멍이를 데리고 산책을 한다. ☐

   (5) 엄마는 오늘 밤 날씨가 상상도 못할 만큼 춥다고 하였다. ☐

   (6) 가로등 불빛 하나 보이지 않는 깜깜한 곳까지 걸어갔다. ☐

3. 아래의 문장에서 아이는 무엇을 보았을까요? (   )

   > 그때 아빠가 신나게 휘파람을 불기 시작했어요.
   > 휘파람 소리가 구름처럼 피어올라 아빠 모자 주위를 맴돌았어요.

4. 지금은 사라진 별이 우리 눈에 보이는 까닭을 찾아 써 보세요.

5. 아빠가 아이에게 우주를 보여 준 이유는 무엇인가요?

6. 아이는 우주가 무엇이라고 생각했을까요?

7. 아래의 행동으로 보아 아빠는 어떤 성격으로 짐작되나요?

> 아빠는 길을 잃지 않도록 내 손을 꼭 잡아 주었어요.
> 아빠가 나를 번쩍 들어 안아 주었어요.
> 아빠는 멀리 있는 별들에게 좀 더 가까이 다가가도록 나를 안아 주었어요.

8. 아이가 우주의 냄새가 고약하다고 말한 까닭을 생각해서 써 보세요.

내 생각을 표현해 보세요

1. "저기 토끼 귀가 보이니?" 하고 아빠가 물었을 때, 아이는 사실 보이지 않았지만 바보처럼 보이기 싫어서 "네."라고 대답했어요. 여러분도 비슷한 경험이 있었는지 생각해 보고 어떤 일이었는지 써 보세요.

2. 아래의 대화를 나눌 때 아이와 아빠는 어떤 마음이었을까요?

"이제 다 왔나요?" 내가 물었어요.
"왜? 힘이 드니?"
"아, 아뇨." 난 조금 힘들었지만 그렇게 대답했어요.
그때 아빠가 신나게 휘파람을 불기 시작했어요.

(1) 아이 :

(2) 아빠 :

3. 아빠는 우주가 이 세상 전체라고 말했어요. 그리고 수많은 별들이 반짝이는 넓은 밤하늘도 보여 주었어요. 여러분은 우주를 본 적이 있나요? 우주는 어디에 있을까요?

낱말밭

1. ( ) 안에 알맞은 말을 쓰세요.

> 입 속 공기보다 바깥 공기가 따뜻해서 생기는 것을 (　　　　)이라고 한다.

2. 아래 낱말 뜻을 보고 알맞은 말을 골라 ( ) 안에 쓰세요.

★ **길모퉁이**: 길이 구부러지거나 꺾여 돌아가는 자리

★ **철물점**: 쇠로 만든 여러 가지 물건을 파는 가게

★ **웅덩이**: 가운데가 움푹 파여 물이 고여 있는 곳

★ **생활필수품**: 일상생활에 꼭 있어야 할 물품

★ **도랑**: 매우 좁고 작은 개울

(1) 비가 내리자 운동장에는 군데군데 (　　　　)가(이) 생겼다.

(2) 저기 보이는 (　　　　)를(을) 돌면 은행이 보일 거예요.

(3) (　　　　)에서 톱과 못을 사 왔다.

(4) 비상 재난 상황에 대비하여 (　　　　)을(를) 준비해 두어야 합니다.

낱말밭

3. 다음에서 마음에 드는 낱말을 골라 ( ) 안에 쓰고 고른 낱말을 이용하여 문장을 만들어 보세요.

| 보기 | 몽개몽개 | 살랑살랑 | 꼬물꼬물 | 반짝반짝 |

* **몽개몽개**: 작고 둥글게 연기나 구름이 연속해서 나오는 모양.
* **뭉게뭉게**: 크고 둥글게 연기나 구름이 연속해서 나오는 모양.

(1) (   )

....

(2) (   )

....

4. 다음 낱말을 3개 이상 사용하여 짧은 이야기를 만들어 보세요.

    휘파람   달팽이   공원   우주   가로등

    벌름거리다   고약하다   속삭이다

* **벌름거리다**: 넓어졌다가 좁아졌다가, 커졌다가 작아졌다를 반복한다는 뜻. (비슷한 말: 벌렁거리다, 벌름거리다)
* **고약하다**: 생김새, 모양, 맛, 행동 등이 흉하고 사납다는 뜻. (비슷한 말: 거칠다, 나쁘다, 못되다)

예) 아침마다 공원에서는 새들이 속삭이는 소리가 들린다. 나는 기분이 좋아 휘파람을 불며 침대에서 일어난다.

우리의 섬 투발루

책에서 찾아보세요   8-9p

1. 체육

2. 친구들, 바다, 수영
[도움말] 첫 번째 조사가 '과' 이므로 친구가 아닌 친구들이 답이 되어야 합니다. 제시된 글을 자세히 읽는 것은 문해력을 키우는 중요한 습관입니다.

3. ②, ⑤

4. (1) 모래사장 (2) 풀라카 나무 (3) 코코넛 나무

5. ③, ④

6. 꽃들을 엮어 왕관을 만들어 주었다.

한 번 더 읽고 생각해 보세요   10-11p

1. ③
[도움말] ④번은 '할머니가 말하기를 내가 태어나기 전에는 맛있는 풀라카 나무가 초록색이었대.' 라는 말로 미루어 볼 때 풀라카 나무를 먹는다는 것을 알 수 있습니다. 그리고 그림책에 실린 정보 글을 읽어 보는 것은 아이의 배움을 확장시켜 줍니다. 이때 내용 이해를 돕기 위한 삽화나 사진이 의미하는 바를 함께 읽어 내는 것도 문해력의 한 요소입니다.

2. 예) 염분을 흡수해서
   아이들의 생각 짠 바닷물이 들어와서 땅도 짜다. / 땅이 물에 잠겨서 / 바다가 점점 높아지기 때문에
   [도움말] '바다가 점점 높아지기 때문이야'의 의미를 다시 한번 이야기 나누고 그로 인한 여러 결과를 유추할 수 있도록 도와주세요.

3.
<일이 일어난 이유>	<결과>
지구 온난화로 지구의 온도는 점점 높아지고 있다.	그래서 투발루가 다른 나라보다 먼저 물에 잠기고 있다.
투발루는 산이 없고 땅이 낮은 나라이다.	그래서 남극의 빙하가 녹아 바다의 높이가 높아지고 있다.
바다의 높이가 높아지는 속도는 점점 더 빨라지고 있다.	그래서 투발루 외의 여러 나라들도 위기에 처해 있다.

[도움말] '그래서'는 앞의 내용으로 뒤의 일이 일어났다는 뜻을 나타내는 접속사입니다. 어떤 일이 일어나기 위해서는 그에 알맞은 원인이 있다는 것을 알 수 있습니다. 또한 결과는 다음 일이 일어나는 새로운 원인이 될 수도 있음을 알 수 있습니다.

4. 예) 지하수가 염분을 흡수해서 물을 먹을 수가 없다.
   아이들의 생각 모든 물이 짜게 변해서 / 쓸 수 있는 물이 바다에 잠겨서 소금물이 되기 때문에

5. 엄청난 양의 이산화탄소를 흡수한다. (○)
   자연재해로부터 천연 방파제가 되어 준다. (○)
   맹그로브는 짠물의 염분을 없애 준다. (   )
   물고기들의 은신처와 보금자리가 되어 준다. (○)
   [도움말] 맹그로브 나무는 짠물에서도 잘 자라납니다.

내 생각을 표현해 보세요　　　　　　　　　　　　　　　　　　　　　　　　　　　　12p

1. 예) 필요한 것: 사람들의 관심 / 이유: 기후 변화는 함께 해결해야 할 문제이니까

   아이들의 생각
   · 필요한 것 : 다른 나라에 가서 안전하게 살 수 있는 자격 / 이유: 투발루는 물에 잠기고 살 수가 없으니까 빨리 다른 살 곳을 찾아야 한다.
   · 필요한 것: 용기 / 이유: 바다가 높아진다고 두려워 말고 방법을 찾을 수 있도록

   [도움말] 필요한 것과 이유가 타당하면 됩니다. 그림책 뒷부분에 있는 정보 글을 읽어 주면 아이의 배움이 조금 더 확장될 수 있습니다.

2. 예) 기후 난민이 된다, 다른 나라로 가야 한다, 인구가 줄어든다 등

3. 예) 다 함께 투발루를 지키자는 의미

   아이들의 생각　도와 달라는 뜻 / 지구 온난화를 같이 해결하자 / 투발루가 사라지지 않도록 같이 생각하고 노력해 달라는 뜻 / 투발루가 위험해지듯 우리도 위험해질 수 있으므로 투발루를 지키자는 것.

4. 예) 대중교통을 이용한다. / 이유: 화석 연료의 사용을 줄인다.
   친환경 제품을 사용한다. / 이유: 조금이라도 환경 오염을 막을 수 있으니까 등

   아이들의 생각
   쓰레기를 함부로 버리지 않기 / 이유: 쓰레기를 함부로 버리면 주변 환경이 오염되니까, 물 절약하기 / 이유: 에너지 소비를 줄이기 위해서, 분리배출하기 / 이유: 재활용으로 쓰레기를 줄이기 위해서

낱말밭　　　　　　　　　　　　　　　　　　　　　　　　　　　　　　　　　　　13-14p

1. 스며들다 — 속으로 배어들다
   엮다 — 여러 개의 물건을 줄로 어긋매어 묶다
   산호초 — 산호의 분비물이나 뼈가 쌓여 이루어진 단단한 암초
   라군 — 바다로부터 분리되어 형성된 호수
   (따뜻하고 얕은 바다 속에 사는 말미잘과 히드라 같은 자포 동물)

2. ③

   [도움말] 타다 : 탈것을 이용한다는 뜻 외에 바람에 실려 퍼진다는 뜻도 있습니다.

3. ①

   [도움말] 밑줄 친 '썼다'는 신체에 무엇을 얹거나 덮은 상태입니다. ②, ③은 도구나 재료를 이용한다는 뜻입니다. ④은 혀로 느껴지는 맛이 한약같다는 뜻을 가지며 ⑤은 가지고 있는 생각을 글로 나타낸다는 뜻입니다.

4. ④　[도움말] 빼곡하다: 사람이나 물건이 빈틈없이 꽉 찬 상태

5. 예) 감을 엮어 곶감을 만들었다. 할머니를 드리려고 아꼈는데 우리 집 고양이가 삼켜 버렸다.

   아이들의 생각　내가 아끼는 왕관을 꽃에 떨어뜨렸다. 왕관을 주워서 얼른 머리에 썼다.

   [도움말] 주어진 낱말을 적재적소에 활용하는 것은 어휘력의 확장뿐 아니라 좋은 글쓰기의 원동력이 됩니다. 각각의 낱말을 언제 쓸 수 있는지 이야기를 나누어 보고 문장을 조합하여 짧은 글을 만들어 볼 수 있도록 해 주세요.

신발이 열리는 나무

책에서 찾아보세요   16-17p

1. 짝짝이
2. ①, ④
3. 털 장화 — 기대 잠들었어요.
   가죽 구두 — 질겅질겅 껌처럼 씹었어요.
   분홍 구두 — 밥그릇처럼 먹을 걸 넣어 뒀어요.

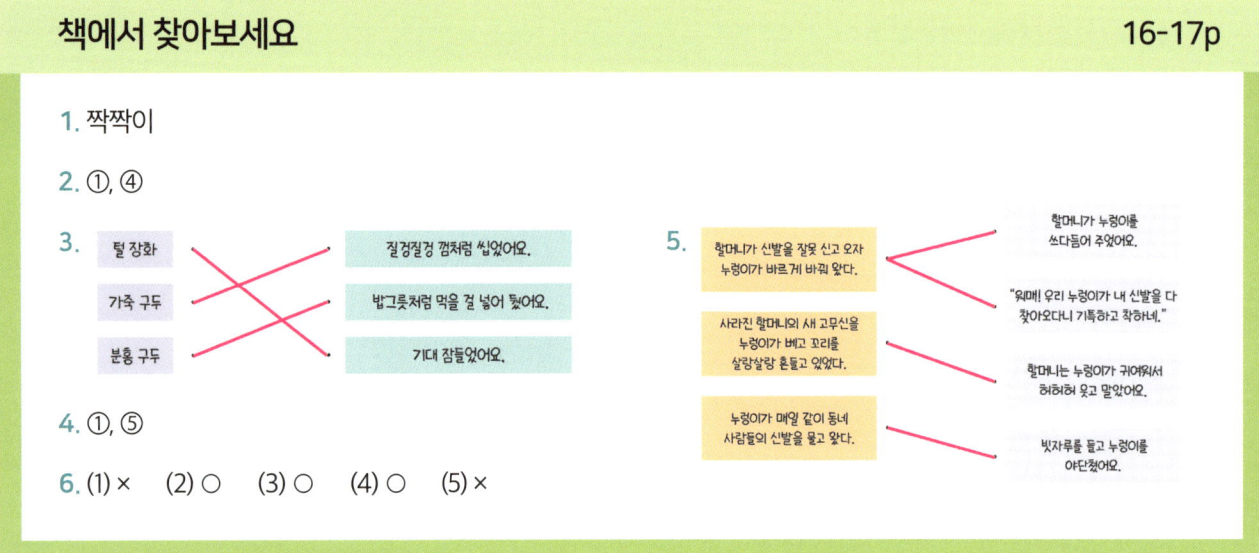

4. ①, ⑤
6. (1) × (2) ○ (3) ○ (4) ○ (5) ×

한 번 더 읽고 생각해 보세요   18-19p

1. 할머니(주인) 신발을 잘 찾는 것
   아이들의 생각 주인의 신발을 귀신같이 아는 것 / 누렁이가 주인의 신발을 맞게 찾는 것
   [도움말] "꼬리를 흔들어요"라고 했다면 마을 할머니들이 칭찬한 장면을 찾아 다시 읽어 보게 해 주세요.

2. (가) 신발 모양의 새싹이 돋았어요. (나) 동네 사람들이 신발 나무의 신발을 따 갔어요.(가져갔어요.)
   아이들의 생각
   (가) 신발같이 생긴 새싹이 돋았어요. / 신발 모양 새싹이 생겼어. / 봄이 오자 밭에서 할머니가 신발 모양인 새싹을 발견하고 보살펴 주었어요.
   (나) 할머니가 동네 사람들에게 신발을 따 가게 했어요. / 누렁이 덕분에 신발 나무가 생겨서 동네 사람들이 신발을 찾아갔어요.

3. 할머니에게 칭찬을 많이 받으려고, 칭찬을 받아서
   아이들의 생각 할머니가 신발을 가져오면 좋아하시니까 신발을 모으기 시작한 것 같다. / 신발을 가져간 누렁이를 보고 할머니가 웃어서인 것 같습니다. / 신발을 물어 오면 할머니가 좋아해서 신발을 물어 오는 것이 좋은 행동인 줄 알고

4. 누렁이가 신발을 물고 와서, 신발을 여기저기 숨겨서, 마을 사람들에게 미안해서
   아이들의 생각 누렁이가 동네 사람들 신발을 물고 와서 다시 주려고 / 누렁이 때문에 사람들 신발이 사라져서 미안했는데 신발 나무가 생겨서 갚으려고

5. (1) 사랑스럽다, 장하다, 대견하다 (2) 당황하다, 원망스럽다, 걱정된다 (3) 다행이다, 신난다, 뿌듯하다
   [도움말] 예시의 답 외에도 적절한 감정 표현을 고르면 됩니다.
   어려워한다면 감정 단어의 뜻을 사전에서 찾아보면서 함께 풀어 보세요.

내 생각을 표현해 보세요　　　　　　　　　　　　　　　　　　　　　　　　　　20p

1. · 기쁘다, 행복하다, 뿌듯하다, 기분이 좋다, 신난다, 칭찬을 받아서 좋다, 날아갈 것 같다, 할머니가 좋아하니까 즐겁다.
   · 무섭다, 당황스럽다, 우울하다, 속상하다, 슬프다, 화가 난다.

2. 내가 모으고 싶은 것은 색종이이다. 왜냐하면 다양한 종이접기를 할 수 있기 때문이다.

   아이들의 생각
   - 내가 모으고 싶은 것은 물 뚜껑이다. / 왜냐하면 물 뚜껑을 가지고 놀이를 할 수 있기 때문이다.
   - 내가 모으고 싶은 것은 공책이다. / 왜냐하면 우리 집에는 공책이 별로 없기 때문이다.
   - 내가 모으고 싶은 것은 돈이다. / 왜냐하면 여기저기 여행을 다녀 보고 싶기 때문이다.
   - 내가 모으고 싶은 것은 레고이다. / 왜냐하면 레고로 만들고 싶은 것이 많기 때문이다.

3. 누렁이는 신발을 좋아합니다. 주인 할머니의 신발을 냄새로 잘 찾습니다. 그리고 우리 마을 사람들의 신발을 가지고 가서 여기저기에 잘 숨깁니다. 누렁이가 반갑다고 꼬리를 흔들면 귀엽습니다.

   아이들의 생각
   - 장점은 신발을 매일 가지고 온다는 것입니다. 귀여운 점은 신발을 잘 베고 잡니다.
   - 신발을 많이 가져와요. 그리고 꼬리를 흔들면 귀여워요.
   - 우리 누렁이는 신발을 좋아하고 누렁이 덕분에 마을 사람들은 새 신발이 생겨서 행복해하고 있어요.
   - 누렁이는 누런색 강아지입니다. 누렁이는 신발을 집으로 물어 오는 것을 좋아합니다. 신발에 간식을 숨겨 두기도 하고, 신발에서 자기도 하고, 여러 가지를 합니다. 누렁이가 땅속에 신발을 숨긴 덕에 신발 나무가 생겼습니다. 누렁이는 우리 마을의 자랑스러운 강아지입니다.
   - 강아지이고 족보 있는 가문의 후손입니다. 귀엽고 신발을 무척 좋아합니다. (할머니를 더 좋아합니다.) 동네 신발을 모두 훔치려는 계획을 파고 있습니다. 그러나 할머니한테 발각되어 혼날 때도 있습니다.

   [도움말] 책 내용을 바탕으로 아이가 상상해서 누렁이 소개하는 글을 써 볼 수 있도록 해 주세요. 아이가 소개하는 글을 쓰는 것을 어려워한다면, 이야기 속 누렁이를 엄마에게 소개한다고 생각하고 말하게 해 보세요. 누렁이가 좋아하는 것, 잘하는 것, 특징, 생김새, 한 일 등을 물어봐 주시면 아이가 더 깊게 생각해 볼 수 있습니다.

낱말밭　　　　　　　　　　　　　　　　　　　　　　　　　　　　　　　　　21-22p

1. ①

2. ④

   [도움말] 귀신같이: 동작이나 추측이 정확하고 재주가 기막힐 정도로 뛰어나게.

3. (질겅질겅) 친구가 껌을 질겅질겅 씹었다 / (살랑살랑) 봄바람이 살랑살랑 불었다,
   (터덜터덜) 아침부터 엄마한테 혼나고 터덜터덜 걸어서 학교에 갔다 / (무럭무럭) 아이는 하루가 다르게 무럭무럭 자랐다.

   아이들의 생각
   - 속상해서 터덜터덜 걷는다.
   - 나는 마트 가서 과자를 사려고 했는데 다 팔려서 터덜터덜 집으로 걸어왔다.
   - 초코는 매일같이 꼬리를 살랑살랑거린다.

   [도움말]
   · 질겅질겅 : 질긴 물건을 거칠게 자꾸 씹는 모양.
   · 들썩들썩 : ① 묵직한 물건이 계속 떠들렸다 가라앉았다 하는 모양. ② 어깨나 엉덩이 따위가 계속 들렸다 놓였다 하는 모양. ③ 마음이 계속 들떠서 움직이는 모양. ④ 어수선하고 시끄럽게 자꾸 움직이는 모양.
   · 터덜터덜 : ① 지치거나 느른하여 무거운 발걸음으로 계속 힘없이 걷는 소리. 또는 그 모양. ② 빈 수레 따위가 험한 길 위를 요란하게 지나가는 소리. ③ 깨어진 질그릇 따위가 잇따라 둔탁하게 부딪치는 소리.
   · 무럭무럭: ① 순조롭고 힘차게 잘 자라는 모양. ② 연기나 냄새, 김 따위가 계속 많이 피어오르는 모양. ③ 느낌이나 생각 따위가 마음속에서 계속 일어나는 모양.

4. '하루가 다르게'와 '날이 갈수록'은 비슷한 뜻으로 어떤 상태가 계속해서 변해 가는 모양을 나타내는 말이며, '매일같이'는 같은 행동이나 상황을 반복하는 경우에 쓰이는 말입니다.
   (1) 우리 강아지는 하루가 다르게 무럭무럭 자란다, 겨울이 되니 하루가 다르게 낮이 짧아진다.
   (2) 나는 날이 갈수록 건강해지고 있다, 전학을 간 친구가 날이 갈수록 더 보고 싶다, 놀부의 심술은 날이 갈수록 심해졌다, 우리 오빠는 날이 갈수록 뚱뚱해진다.
   (3) 나는 매일같이 학원에 간다, 내 짝꿍은 매일같이 지각을 한다.

   아이들의 생각
   - 나는 날이 갈수록 (아는 지식이 늘어난다. / 키가 커진다.)
   - 나는 하루가 다르게 (머리카락이 자란다. / 만들기 실력이 늘어난다.)
   - 나는 매일같이 (숙제를 한다. / 게임을 한다.)

   [도움말] 평소에 잘 쓰지 않는 낱말이 나오면 낱말이 포함된 문장을 천천히, 여러 번 읽어 봅니다. 낱말이 쓰인 앞뒤 상황을 보면 낱말의 뜻을 알아낼 수 있습니다. 새로 알게 된 낱말을 이용하여 문장 쓰기 연습을 하면 어휘력이 풍부해지고 다양한 문장을 쓸 수 있게 됩니다.

5.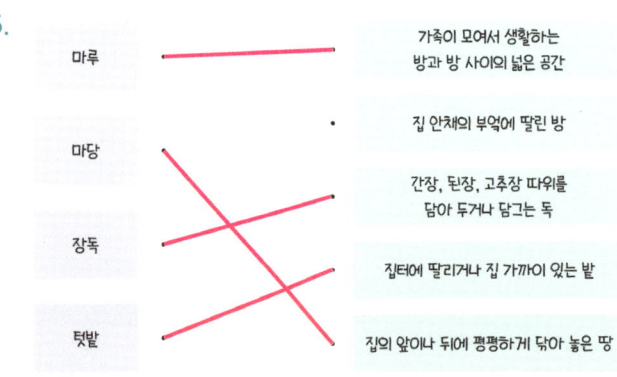

꿀벌이 이사 가요

책에서 찾아보세요   24-26p

1. ①
2. 꿀벌들이 우리 집에 이사 왔어요!
3. 또또 — 왕왕 짖으며 뛰었어요.
   엄마 — 겁을 내며 잠바구니를 휘둘렀어요.
   아빠 — 꿀벌들에게 물 뿌리는 호스를 겨누었어요.
4. 꿀벌 떼는 (나나 주먹)만 했다가 (또또 머리)만 했다가 (나나 머리)만큼 커졌어요.
5. (1) × (2) ○ (3) × (4) ○ (5) ×
6. 꿀벌
7. ③, ④, ⑤
8. ③, ⑤

한 번 더 읽고 생각해 보세요   27-28p

1. ⑤ → ⑥ → ③ → ② → ① → ④
2. (1) × (2) ○ (3) ○ (4) ○ (5) ×
   [도움말] 책을 통해 알 수 있는 꿀벌의 특성은 무엇인지 물어보는 문제입니다.
3. 벌에 쏘이지 않기 위해
4. 예) 소방관이 여왕벌을 감싸서 빈 벌통 안에 넣었고 자연스럽게 꿀벌들이 따라 들어갈 수 있도록 유도했다. 그리고 벌통 안 꿀벌들을 살기 좋은 곳으로 데려다주었다.
   아이들의 생각
   꿀벌을 쫓아내지 않고 여왕벌을 이용해 벌통으로 집어넣었다. / 여왕벌을 감싸 빈 벌통에 넣었다. / 꿀벌들을 빈 벌통으로 안전하게 옮기고 소방차로 살기 좋은 곳까지 데려다주었다.
   [도움말] 소방관들은 꿀벌들에게 위협을 가하지 않으면서 안전하게 꿀벌들을 옮겼습니다. 그 방법과 과정은 무엇이었는지 구체적으로 쓸 수 있도록 도와주세요.
5. 예) 꿀벌들은 집에 식구가 많아지면 여왕벌과 함께 새집을 찾아 이사한단다.
   벌들이 왔을 때 움직이지 않고 가만히 있으면 공격하지 않는단다.
   아이들의 생각
   나나야 꿀벌은 먼저 공격하지 않으면 쏘지 않아 / 벌은 너희들이 위협하지 않으면 공격하지 않아 / 꿀벌들은 집에 식구가 너무 많아지면 여왕벌과 함께 새집을 찾아 이사한단다. / 벌이 있으면 움직이지 않는 것이 좋아.
   [도움말] 언젠가 유치원 선생님이 벌에 대해 말씀하신 내용이 책에 있습니다. 또한 벌을 보고 으르렁대는 또또에게 나나가 한 말에서, 유치원 선생님이 어떤 말을 했을지 유추할 수 있습니다. 예시로 든 두 개의 설명 모두 정답입니다.
6. 예) 벌에게 공격당한 경험이 있기 때문에 날아다니는 작은 것만 봐도 벌인 줄 알고 깜짝깜짝 놀랍니다.
   아이들의 생각 벌한테 쏘여서 / 날아오는 파리를 벌이라고 생각했기 때문에 / 벌에 대한 안 좋은 기억 때문에 / 벌한테 쏘인 것이 트라우마가 되어서

내 생각을 표현해 보세요 29-30p

1. 예) 물 뿌리면 벌이 깜짝 놀라니까 가만히 있으세요, 벌을 괴롭히지 마세요, 우리가 가만히 있으면 공격하지 않아요! 119를 불러서 꿀벌들을 옮겨 줘요!

    아이들의 생각 아빠, 그냥 가만히 있어요. / 물을 뿌리면 벌들이 아빠를 쏠 수 있으니 물을 뿌리지 마세요. / 아빠, 그러면 꿀벌이 놀래요. 가만히 계세요. / 아빠, 그럼 더 쏘여요.

2. 예) 공격하지 않고 일단 기다렸다가 벌들이 가지 않으면 119를 부릅니다, 벌들이 자연스럽게 다른 곳으로 갈 때까지 잠시 기다립니다.

    아이들의 생각 공격하지 않고 가만히 있을 것 같아요. / 벌들이 스트레스받지 않는 행동을 할 것 같습니다. / 119를 부를 것 같습니다. / 마당에 꽃을 심고 꽃이 많은 곳에 집을 지을 수 있도록 도와줄 것 같아요. / 전에 쏘였던 트라우마 때문에 숨어 있을 것 같아요 등.

    [도움말] 다양한 답이 나올 수 있습니다. 꿀벌에게 위협을 가하는 행동이 아닌 안전한 방법을 생각해 낸다면 답이 될 수 있습니다.

3. 예) 내가 지키고 싶은 것은 우리 집 강아지이다. 왜냐하면 나에게 행복감을 주기 때문이다. 그리고 아직 어리기 때문에 나의 보살핌이 필요하다.

    아이들의 생각 내가 지키고 싶은 것은 ○○○이다. 왜냐하면 나에게 둘도 없는 친구이기 때문이다. 만약 내 친구가 위협받으면 맞서 싸울 것이다. / 내가 지키고 싶은 것은 동생이다. 왜냐하면 동생은 보호가 필요하기 때문이다. / 내가 지키고 싶은 것은 멸종위기 동물이다. 왜냐하면 그 동물들이 없으면 생태계가 파괴되기 때문이다. / 내가 지키고 싶은 것은 내 인권이다. 왜냐하면 내 인권은 그 무엇보다 중요하기 때문이다.

    [도움말] 내가 지키고 싶은 대상은 인물, 사물, 동물 등 다양하게 나올 수 있습니다. 대상을 지키고 싶은 이유를 구체적으로 쓸 수 있도록 도와주세요.

4. ▶ 꿀벌들이 나나네 집 마당에 있는 석류나무를 발견했을 때

    아이들의 생각 – 와 저기 꽃밭이다. 맛있겠다. – 석류가 달콤하겠다.
    – 저 나무에 집을 지어야겠어. – 여왕님을 모시고 저 나무에 집을 지어야지.

    ▶ 나나가 꿀벌을 발견하고 가만히 바라보았을 때

    아이들의 생각 – 이 아이는 우리를 무서워하지 않네! – 건드리지 않으면 우리도 공격하지 않아.
    – 네가 공격하면 우리도 어쩔 수 없어.

    ▶ 엄마가 겁을 내며 장바구니를 휘둘렀을 때

    아이들의 생각 – 앗! 싸우자는 거야? – 여왕벌을 지켜야 해! – 우리를 위협한다. 쏘아야겠다.
    – 우리도 무섭고 아프다고! – 엄마의 행동에 꿀벌들은 위협을 느꼈을 것이다.
    – 저 생명체는 우리를 공격하니까 우리도 공격해야 한다.

    ▶ 소방관이 놓은 빈 벌통을 발견했을 때

    아이들의 생각 – 좋은 새집이 있네. – 어? 여기가 더 좋네? 여기서 살아야겠다.
    – 저 정도면 우리 집으로 써도 괜찮겠는데?

    [도움말] 꿀벌의 생각(마음)을 상상해서 쓰라는 말은 '꿀벌이 지금 마음속으로 어떤 생각을 할까?'에 대한 질문입니다. 감정을 나타내는 단어를 사용하는 것도 괜찮지만, 내가 꿀벌의 입장이 되었다고 가정하고 좀 더 실감 나게 써 보면 좋습니다.

낱말밭

31-32p

1. ④

[도움말] 문장을 읽으며 '배웅'의 뜻을 유추할 수 있게 도와주세요. 보기 문장들을 서로 비교해 본다면 ④는 배웅이 아닌 '마중'을 써야 함을 알 수 있습니다. (②의 경우 배웅과 마중 모두 쓰일 수 있는 문장입니다.)

· 배웅: 떠나가는 손님을 일정한 곳까지 따라 나가서 작별하여 보내는 일.

· 마중: 오는 사람을 나가서 맞이함.

2. ①

[도움말] 부풀다: 살가죽이 붓거나 부르터 오르다. 부피가 점점 커지다.

3. (1) 빙글빙글　(2) 사뿐사뿐　(3) 깜짝깜짝

[도움말]

· 철썩철썩: 철써덕철써덕의 준말. 아주 많은 양의 액체가 자꾸 단단한 물체에 마구 부딪치는 소리. 또는 그 모양.

　예) 파도가 바위에 철썩철썩 부딪친다.

· 빙글빙글: 큰 것이 잇따라 미끄럽게 도는 모양.

· 사뿐사뿐: 소리가 나지 아니할 정도로 잇따라 가볍게 발을 내디디며 걷는 모양.

· 깜짝깜짝: 자꾸 놀라는 모양.

· 뒤뚱뒤뚱: 크고 묵직한 물체나 몸이 중심을 잃고 가볍게 이리저리 기울어지며 자꾸 흔들리는 모양.

　예) 막 걸음마를 배운 아기가 엄마를 향해 뒤뚱뒤뚱 걸어갔다.

· 조물조물: 작은 손놀림으로 자꾸 주물러 만지작거리는 모양.

　예) 조물조물 나물을 무치다.

4. ②

[도움말] '발을 구르다'는 '매우 안타까워하거나 다급해하다'라는 뜻을 가진 관용구입니다. '동동'은 매우 안타까워 발을 구르는 모양을 나타내는 부사입니다. 이야기 속에서는 '발을 동동 구르며'라는 표현을 사용해 엄마 아빠가 매우 다급해하며 119를 찾는 상황을 묘사했습니다. 다섯 가지 보기 중 바꾸어 써도 뜻이 변하지 않는 것은 ② 다급해하며 입니다.

여우의 전화박스

책에서 찾아보세요　　　　　　　　　　　　　　　　　　　34p

1. ③
2. 아기 여우가 하루가 다르게 무럭무럭 자랐고 갈수록 귀여워져서
   아이들의 생각 아기 여우가 무럭무럭 자라서 / 아기 여우가 있어서
3. 엄마 여우는 날마다 울었어요. 온몸이 흠뻑 젖도록 울었어요. 울다 지치면 입을 꼭 다문 채 꼼짝도 하지 않았어요.
4. 남자아이를 다시 보고 싶어서
5. 엄마는 멀리 떨어진 도시의 병원에 입원해 있어서

한 번 더 읽고 생각해 보세요　　　　　　　　　　　　35-37p

1. 예) 아기 여우가 보고 싶어서
   아이들의 생각 남자아이를 보니까 죽은 아기 여우가 생각나서 / 아기 여우 또래여서 / 아기 여우 같아서
2. 예) 아기 여우가 죽었다.
   아이들의 생각 아기 여우가 무지개 다리를 건넜다. / 하늘나라로 갔다.
3. (1) ○　(2) ×　(3) ×　(4) ×　(5) ×
4. 예)
   (1) 전화박스에서 남자아이를 보았어요, 아기 여우 같은 남자아이를 만났어요.
   (2) 전화박스가 고장 나서 철거를 하게 되었어요, 전화가 고장 나서 남자아이는 엄마에게 전화를 걸 수 없게 되었어요.
   [도움말] 예시와 다른 내용을 쓰더라도 일단은 이야기의 순서에 맞으면 됩니다. 아이가 중요한 내용을 빠뜨렸다면 이야기의 흐름을 되짚으며 꼭 들어가야 하는 내용이 무엇일지 한 번 더 생각해 보도록 합니다.
5. 엄마 여우
6. 예)
   (1) 괴롭다, 막막하다, 허전하다, 철렁하다
   (2) 당황스럽다, 안절부절못하다, 걱정된다, 철렁하다, 화가 난다
   (3) 얼떨떨하다, 놀랍다, 신기하다, 당황스럽다
   [도움말] 아이가 고른 감정 단어에 대해 어떤 느낌인지, 비슷한 느낌은 무엇인지, 왜 그런 감정을 골랐는지 이야기를 나눠 보세요. 주어진 맥락과 감정 단어를 연결시키는 연습을 해야 그 뜻을 제대로 익힐 수 있습니다. 낯선 낱말들이지만 자주 접하다 보면 제대로 사용할 수 있게 됩니다.
7. 엄마 여우, 전화박스
   [도움말] 엄마 여우는 요술을 부려 전화박스가 되었고, 고장 난 전화박스는 엄마 여우를 위해 요술을 부려 불을 켰습니다.

내 생각을 표현해 보세요 38p

1. **아이들의 생각**
   - 이후 남자아이는 퇴원한 엄마와 다시 마을에 있는 전화박스로 돌아왔어요. 남자아이는 엄마를 이끌고, 엄마와 전화했던 전화박스라고 소개했어요. 산에서 내려오던 엄마 여우가 그 모습을 봤어요. 엄마 여우는 남자아이가 돌아와서 깜짝 놀랐어요. 엄마와 남자아이가 함께 있는 행복한 모습을 보자 엄마 여우는 기뻤어요. 자신이 모습을 드러내면 남자아이와 엄마가 놀랄까 봐 기쁜 마음을 간직한 채 숲으로 돌아갔어요.
   - 엄마 여우는 푸근함을 느끼다 전화박스에서 나왔어요. 그리고 잠이 들었죠. 다음 날 일어나 보니 사람들이 전화박스를 치우고 있었어요. 물론 남자아이도 그 후엔 오지 않았어요. 엄마 여우는 매일 전화박스가 있었던 자리를 빤히 쳐다보다가 마음 편히 세상을 떠났어요. 엄마 여우가 죽고 몇 년 후에 새로운 전화박스가 생겼어요. 아마 엄마 여우 아닐까요?

   [도움말] 허무맹랑하게 쓰기보다는 각 등장인물들의 상황이 구체적으로 잘 드러나며 그림책의 이야기와 인과 관계가 자연스러운지 살펴보세요.

2. 예)
   (1) 엄마 여우는 아기 여우가 죽자 너무 슬퍼서 계속 울었다. 어느 날, 아기 여우 또래의 남자아이가 엄마와 전화 통화하는 것을 지켜보게 되었다. 그날 이후로 엄마 여우는 매일 남자아이를 통해 아기 여우를 떠올리면서 조금씩 기운을 되찾게 되었다.
   (2) 남자아이가 실망할까 봐 안타까워했다. 남자아이가 통화를 할 수 있도록 도와줘야겠다는 간절함과 노력이 전해져 엄마 여우는 전화박스로 둔갑할 수 있게 되었다. 전화박스가 된 엄마 여우는 남자아이와 직접 통화를 하면서 남자아이를 더욱 가깝게 느끼게 되었다.
   (3) 남자아이가 엄마가 있는 도시로 이사 간다는 말을 듣고 정신이 아득해졌다. 그때 전화박스에 깜박 불이 들어오고 엄마 여우는 누군가의 품에 안긴 것처럼 푸근함을 느꼈다. 어쩌면 아기 여우한테 소식을 전할 수도 있다는 희망을 가지게 되었고 아기 여우가 마음속에 언제나 함께한다는 것을 알게 되었다.

   아이들의 생각
   (1) 남자아이를 보면서 / 아기 여우를 닮은 남자아이를 보면서
   (2) 엄마 여우가 전화박스로 둔갑하여 남자아이가 전화할 수 있게 도와주었다. / 자신이 전화박스로 둔갑해서
   (3) 전화박스 안으로 들어가 아기 여우에게 전화를 걸었다. / 전화박스의 따스한 빛을 받고

   [도움말] 각 상황에서 슬픔과 좌절을 극복해 가는 과정을 자세히 쓸 수 있도록 이야기 나눠 주세요. 단순한 감정 서술이 아닌 앞뒤의 상황을 충분히 이해하여 구체적으로 쓸 수 있도록 여러 번 읽어 보도록 하세요.

3. 예) 엄마 여우의 간절함이 전해져서, 엄마 여우의 슬픔을 달래 주려고, 엄마 여우를 도와주고 싶어서
   아이들의 생각 엄마 여우를 위로해 주려고

낱말밭

39-40p

1. 예) 따스한 경단을 입 속에 넣었더니 갑자기 정신이 아득해지면서 휘리릭 여우로 둔갑을 했다.

    [도움말] 낱말의 형태를 바꿔서 더욱 다양한 이야기가 나오면 좋습니다. 점차 낱말 3개가 아닌 4개, 5개 모두를 사용하여 이야기 만들기로 확장해 보세요.

2. 예) 덜덜, 달달, 바르르, 바들바들, 부들부들, 부르르

3. ②

    [도움말] 이해하기 어려워할 경우 해당 낱말이 나온 부분을 찾아가며 다시 읽어 봅니다.
    도라지꽃은 보라색과 흰색이 있는데 도라지꽃의 이미지를 검색해 보면서 이야기를 나눠 보세요.

4. 찌는 듯한, 동장군, 꽃샘추위, 칼바람, 후덥지근한

    [도움말]
    - 찌다(찌는 듯한): 뜨거운 김을 쐬는 것같이 습하고 더워지다.
    - 동장군: 겨울 장군이라는 뜻으로 겨울철의 매서운 추위를 비유적으로 이르는 말.
    - 낭랑하다(낭랑한): 맑고 또랑또랑하다. 서로 부딪쳐 울리는 소리가 매우 맑다.
    - 꽃샘추위: 이른 봄, 꽃이 필 무렵의 추위.
    - 시시하다: 좀스럽고 쩨쩨하다.
    - 칼바람: 몹시 매섭고 독한 바람.
    - 꼿꼿이: 휘거나 굽은 데가 없이 바르다.
    - 후덥지근하다(후덥지근한): 열기가 차서 조금 답답할 정도로 더운 느낌이 있다.
    - 밤낮없이: 언제나 늘.
    - 달콤하다(달콤한): 감칠맛이 있게 달다. 편안하고 포근하다.

5. (1) 꿍   (2) 꿍

6. (1) 어쩌면   (2) 아무리, 끝내   (3) 아무, 그저

아빠가 우주를 보여준 날

책에서 찾아보세요 42-43p

1. ②, ③, ④

2. 아이: 양말을 두 개(켤레) 신었다.
   아빠: 모자와 웃옷을 입고 긴 부츠를 신었다.
   [도움말] 중요한 내용은 아니지만 책에서 정확한 정보를 찾는 연습입니다.

3. 도랑

4. 길모퉁이-(슈퍼마켓)-(공원)-(철물점)-(생선 가게)-(도랑)-들판

5. 엉겅퀴, 달팽이, 보리, 웅덩이, 별
   [도움말] 들판에 있는 것뿐 아니라 '들판에서 본 것'이므로 하늘에 있는 별도 포함됩니다.

6. 내 자신이 너무 작게 느껴진단다.

7. ⑥ → ③ → ① → ⑤ → ④ → ②

한 번 더 읽고 생각해 보세요 44-45p

1. ④

2. (1) ×   (2) ×   (3) ○   (4) ○   (5) ×   (6) ○
   [도움말] 아이는 언젠가 개를 데리고 산책 나왔던 풀밭과 똑같다고 했으므로 낯선 들판은 아닙니다.

3. 입김, 아빠의 입김

4. 예) 별이 우리 눈에 도착하려면 수백 년이 걸려서

   아이들의 생각
   빛 때문에 / 빛은 계속 오고 있어서 / 별이 사라져도 빛은 남아 있어서 / 별빛이 우리에게 도착하려면 수백 년의 세월이 걸려 그동안 사라질 수 있기 때문에

   [도움말] 자신이 알고 있는 과학적 지식을 묻는 것이 아니므로 책의 내용을 확인해야 합니다.

5. 예) 오랫동안 기억할 만한 아름다운 것들을 보여 주고 싶어서

   아이들의 생각
   기억에 남을 만한 아름다운 광경을 보여 주려고 / 이 세상을 보여 주려고 / 이제 많이 컸으니까 좋은 추억을 남겨 주려고

6. 예) 꼬물꼬물 기어가는 작은 달팽이, 바람결에 살랑살랑 흔들리는 보리, 엉겅퀴,
   하늘을 올려다보는 아빠, 먼지처럼 작은 별들, 슈퍼마켓, 공원, 도랑, 입김 등 이 세상 모든 것

   [도움말] 아이는 하늘의 별뿐 아니라 작은 풀꽃과 웅덩이 등 세상 전체가 우주라고 느꼈습니다. 이야기 속에서 아이가 마주치거나 본 것들이 모두 우주라고 할 수 있겠죠.

7. 예) 다정하다, 친절하다.

   아이들의 생각
   듬직한 아들 바보 / 다정다감하다. / 아이를 잘 챙기고 착한 성격 / 따뜻하게 대해 주는 아버지 / 좋은 성격
   오답) 별을 좋아하는 편 / 아들을 좋아한다.

8. 예) 아빠가 밟은 개똥 냄새가 생각나서

   아이들의 생각
   개똥 냄새 때문에, 아빠가 똥을 밟아서, 아빠를 놀리려고

내 생각을 표현해 보세요   46p

1. **아이들의 생각** 원어민과 화상 수업을 할 때 무슨 말인지 몰랐지만 OK라고 했다. / 친구들이 비행기가 보인다고 했는데 나만 안 보인다고 하면 뻘쭘해서 보인다고 했어요. 근데 사실 친구들이 저를 속이려고 한 거였어요. 보인다고 해서 부끄러웠어요. / 수업 시간에 딴생각을 하다가 못 들었는데 선생님이 질문을 해서 "네."라고 대답했다. / 예전에 장난감 조립을 못했는데 바보처럼 보이기 싫어서 만들 수 있다고 했어요.

   [도움말] 정답은 없으며 자신의 경험을 돌아보고 짧은 글로 써 보도록 합니다.

2. **아이들의 생각**
   아이: 우주를 빨리 보고 싶다, 약해 보이고 싶지 않은 마음, 짐이 되고 싶지 않은 마음,
   아빠를 위해 힘든데 참았어요, 아빠를 실망시킬 수 없다.
   아빠: 같이 우주를 볼 마음에 기대가 되었다, 아이가 힘든 줄 모름,
   힘든 아들을 위해 조금이라도 재미있게 해 주려고 휘파람을 불었다, 아이가 떼쓰지 않으니까 신나서

3. **아이들의 생각**
   밤하늘을 우주라고 생각하지 않는다. / 내가 사는 곳 / 외계인이 사는 곳. /
   지구, 엄마, 우리 곁에 있는 것

낱말밭

47-48p

1. 입김

2. (1) 웅덩이   (2) 길모퉁이   (3) 철물점   (4) 생활필수품

3. 예)

(살랑살랑) 귀여운 강아지가 꼬리를 살랑살랑 흔드니까 더 귀엽다.

(꼬물꼬물) 봄이 되면 꼬물꼬물 올챙이들이 나오겠지.

(반짝반짝) 사과를 뽀드득뽀드득 닦았더니 반짝반짝 광이 난다.

(몽개몽개) 파란 가을 하늘에 하얀 구름이 몽개몽개 피어난다.

[도움말] 한 문장이어도 되고 두세 문장이어도 됩니다. 만약 어려워할 경우 책에 나와 있는 문장을 찾아 그대로 써도 됩니다.

4. **아이들의 생각**

나는 퇴근하면 저녁이다. 집으로 가는 길에는 가로등이 있다. 가로등을 지나니 깜깜한 우주가 나에게 속삭이는 것 같았다.

[도움말] 가능하면 여러 개의 문장으로 짧게나마 이야기를 써 보도록 합니다.